Planète v

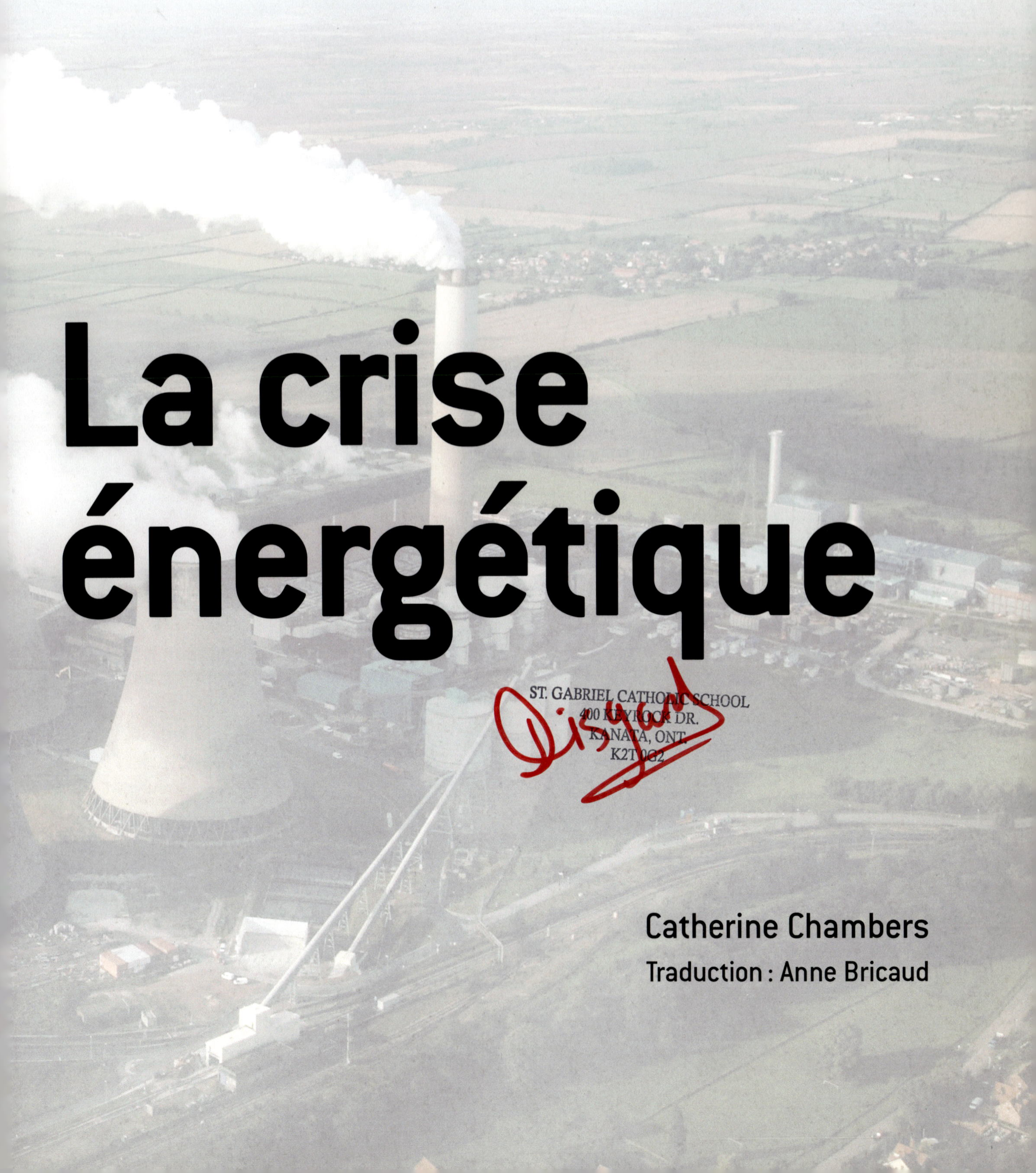

La crise énergétique

Catherine Chambers
Traduction : Anne Bricaud

La crise énergétique est la traduction de *Energy in Crisis* de Catherine Chambers (ISBN 978-0-7502-5762-6)
© Wayland, UK, 2009.

Wayland est une division de Hachette Children's Books, une société du groupe Hachette située au Royaume-Uni.

Catalogage avant publication de Bibliothèque et Archives nationales du Québec et Bibliothèque et Archives Canada

Chambers, Catherine, 1954-

La crise énergétique

(Planète verte)
Traduction de : Energy in crisis.
Comprend un index.
Pour les jeunes de 9 à 13 ans.

ISBN 978-2-89579-354-0

1. Ressources énergétiques – Ouvrages pour la jeunesse. 2. Énergies renouvelables – Ouvrages pour la jeunesse. I. Titre.

TJ163.23.C4314 2011 j333.79 C2010-942667-3

Photos : Alamy Images : F1online digitale Bildagentur GmbH p. 4 ; Corbis : EPA/Adrian Bradshaw p. 27, EPA/Wu Hong p. 15b, Barbara Kraft p. 5 ; Fotolia : Sisu p. 15h ; Getty Images : AFP/Stringer p. 12, AFP/Khin Maung Wins p. 16, Riser/John Lund p. 14 ; Istockphoto : Niels van Gijn p. 9h, James Steidl p. 24-25, Dale Taylor p. 24, Anantha Vardhan p. 19b ; NASA : C. Mayhew & R. Simmon (NASA/GSFC), NOAA/NGDC, DMSP p. 9b ; Photolibrary : Phototake Science/Richard Nelridge p. 10 ; Photoshot : NHPA/Manfred Danegger p. 7 ; Rex Features : Albanpix Ltd p. 25 ; Science Photo Library : Hank Morgan p. 26 ; Shutterstock : Ian Bracegirdle p. 1, 3, 30-31, 32, Pichugin Dmitry p. 6-7, Fouquin p. 18-19, Jarvis Gray p. 22-23, Joanne Harris et Daniel Bubnich p. 11b, iofoto p. 23h, Rafa Irusta p. 20-21, Falk Kienas p. 21, Morgan Lane Photography p. 28, David Mckee p. 8, Oleg Z p. 12-13, PhotoSmart p. 16-17, Mark William Richardson p. 10-11, Carolina K. Smith, M.D. p. 19h, Thomas Sztanek p. 4-5, WizData Inc p. 28-29, Hugo de Wolf 11h, Tania Zbrodko 26-27 ; Still Pictures : Biosphoto/Coupard Michel 23b

Photographie de la couverture : Hugo de Wolf

Nous reconnaissons l'aide financière du gouvernement du Canada par l'entremise du Fonds du livre du Canada (FLC) pour des activités de développement de notre entreprise.

Conseil des Arts du Canada — Canada Council for the Arts

Bayard Canada Livres inc. remercie le Conseil des Arts du Canada du soutien accordé à son programme d'édition dans le cadre du Programme des subventions globales aux éditeurs.

Cet ouvrage a été publié avec le soutien de la SODEC. Gouvernement du Québec – Programme de crédit d'impôt pour l'édition de livres – Gestion SODEC.

Dépôt légal – Bibliothèque et Archives nationales du Québec, 2011
Bibliothèque et Archives Canada, 2011

Produit par Calcium pour Wayland :
Conception graphique : Paul Myerscough
Édition : Sarah Eason
Édition, Wayland : Camilla Lloyd
Illustrations : Geoff Ward
Recherche photographique : Maria Joannou
Consultant : Michael Scott OBE

Version française :
Direction : Andrée-Anne Gratton
Mise en pages : Danielle Dugal
Traduction : Anne Bricaud
Révision : Marie Théorêt

4475, rue Frontenac
Montréal (Québec)
Canada H2H 2S2
Téléphone : 514 844-2111 ou 1 866 844-2111
Télécopieur : 514 278-0072
Courriel : edition@bayardcanada.com
Site Internet : www.bayardlivres.ca

Imprimé en Chine

Table des matières

Qu'est-ce que la crise énergétique ?

L'énergie est ce qui fait fonctionner les choses. Du charbon au bois, en passant par l'essence et le pétrole, la Terre est riche en ressources naturelles, qui sont de grandes sources d'énergie. Cependant, nous utilisons ces ressources si rapidement qu'elles sont en train de s'épuiser et que nous nuisons à notre planète. Il risque d'y avoir une crise énergétique.

La quantité d'énergie qu'une personne utilise dépend de son mode de vie et de l'endroit où elle vit. Dans certaines régions de l'Inde, par exemple, les conditions de vie se sont beaucoup améliorées, ce qui a grandement fait augmenter la **consommation** d'énergie.

Pourquoi l'Inde devrait-elle diminuer sa consommation d'énergie alors que plus de 400 millions de personnes en Inde n'ont même pas l'électricité ? Par ailleurs, la majorité des habitants d'Europe de l'Ouest consomment énormément d'électricité chaque jour.

« L'immense défi énergétique auquel la Chine et l'Inde sont confrontées est un défi énergétique mondial, qui appelle une réponse mondiale. »

Nobuo Tanaka, directeur exécutif de l'Agence internationale de l'énergie, 2007

ÉTUDE DE CAS

L'Inde

Aujourd'hui, dans la ville indienne bruyante et agitée de Mumbai, qui s'appelait autrefois Bombay, voitures, camions, cyclopousses, bicyclettes et bétail doivent se battre pour se frayer un chemin. Il y a 20 ans, les voitures étaient rares.

L'Inde s'enrichit grâce à la croissance des industries. Beaucoup de personnes voient leur mode de vie s'améliorer et s'achètent des biens énergivores, comme des voitures ou des réfrigérateurs, que d'autres gens dans le monde considèrent comme acquis depuis de nombreuses années.

Ce pays compte plus de un milliard d'habitants. D'ici 2050, il devrait devenir le plus peuplé du monde, avec 1,6 milliard d'habitants. Sa consommation d'énergie va monter en flèche : on pense qu'elle va doubler d'ici 2030.

L'Inde produit presque les trois quarts de son électricité à partir du charbon. Le charbon relâche dans l'atmosphère des quantités de dioxyde de carbone plus dangereuses que tout autre mode de production d'énergie. Il est généralement admis que les **émissions** de dioxyde de carbone sont à l'origine du **changement climatique.**

Partout, le monde des affaires nécessite beaucoup d'énergie. Ce centre de congrès fournit de l'énergie à plus de 100 ordinateurs portatifs.

Partout dans le monde, des gens et des gouvernements s'inquiètent des dangers immédiats qui accompagnent le changement climatique, comme la hausse du niveau des mers. Les États-Unis font partie des pays qui ont émis le plus de dioxyde de carbone à cause de leur consommation de **combustibles fossiles,** comme le charbon et le pétrole. Ces pays veulent que les pays émergents comme l'Inde réduisent leurs émissions de dioxyde de carbone et leur consommation d'énergie. Le gouvernement indien soutient que son pays n'est pas responsable de la crise énergétique actuelle.

Le nombre de voitures, de camions et de bus qui circulent dans les rues de Mumbai, en Inde, a tellement augmenté que cette ville est devenue très polluée.

Qu'est-ce que l'énergie ?

Toutes les formes de vie ont besoin d'énergie. Les plantes tirent leur énergie du soleil et les animaux la tirent des plantes qu'ils mangent. Notre nourriture nous fournit, à nous aussi, de l'énergie. Cependant, depuis que nous avons découvert le feu, nous tirons de l'énergie supplémentaire de la Terre pour faciliter notre vie et la rendre plus agréable.

Les sources d'énergie

Il suffit d'actionner un interrupteur et une ampoule s'allume grâce à l'énergie électrique. Quand on allume le gaz, de l'énergie thermique fait bouillir l'eau. Il existe différentes formes d'énergie, comme la lumière ou la chaleur.

L'énergie électrique provient de plusieurs sources ou carburants. On peut transformer en énergie électrique l'énergie thermique qui se dégage quand on fait brûler du charbon, du pétrole ou du gaz.

« La demande mondiale d'énergie devrait augmenter, les combustibles fossiles demeurant la source d'énergie principale. Cela fera brusquement augmenter les émissions de CO_2 (dioxyde de carbone), ce qui aura des répercussions dramatiques sur tous les pays. Il faut immédiatement mettre au point des politiques vigoureuses pour adopter des stratégies énergétiques plus durables. »

Perspectives énergétiques mondiales, 2007

▼ ***L'énergie nécessaire à la civilisation moderne provient de centrales électriques. Cette énergie nous permet de cuisiner, de regarder la télévision ou d'allumer la lumière.***

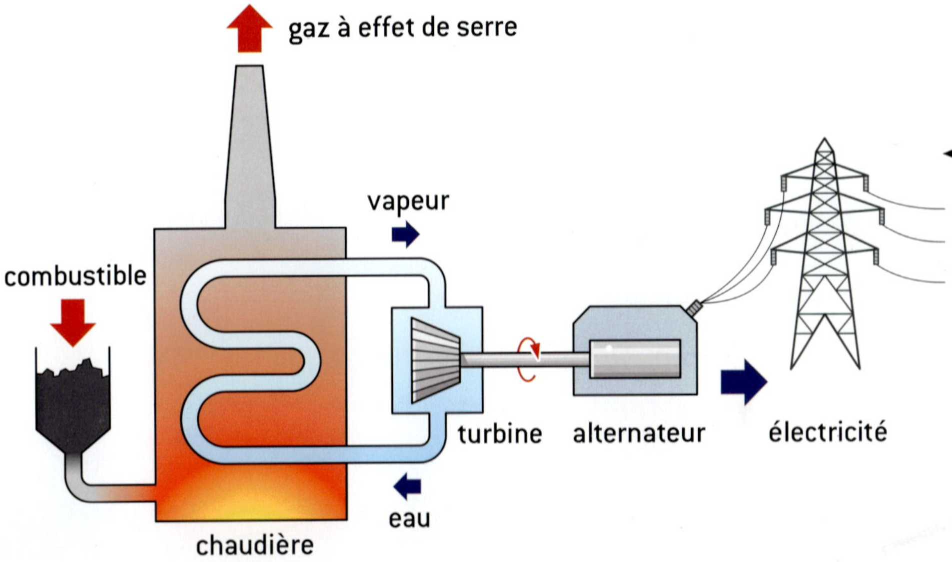

On peut produire de l'énergie en faisant chauffer de l'eau. On fait brûler du combustible dans une chaudière qui transforme alors de l'eau en vapeur. La vapeur fait tourner une turbine, qui entraîne un alternateur. Ce mouvement produit de l'électricité.

Renouvelable et non renouvelable

Certaines sources d'énergie, comme le bois des arbres, le rayonnement du soleil ou la force du vent, sont **renouvelables.** Les arbres peuvent pousser de nouveau, le soleil rayonne toujours et il y a toujours du vent. D'autres sources d'énergie, comme le charbon, le pétrole et le gaz naturel, sont **non renouvelables.** Elles ont mis des millions d'années à se constituer et cela prendra des millions d'années avant que de nouvelles réserves soient formées. Ainsi, lorsqu'on les aura utilisées, elles seront épuisées.

Quel est le problème ?

La façon dont nous produisons l'énergie et la quantité d'énergie que nous utilisons ont d'immenses conséquences sur la Terre. Si nous continuons à utiliser autant de combustibles qu'actuellement, les ressources de la Terre vont s'épuiser. Le climat deviendra encore plus chaotique et les générations futures en souffriront. Les effets sur l'**environnement** seront dévastateurs. Ce mode de vie est **non durable.**

QUE PEUT-ON FAIRE ?

Nous pouvons réduire notre consommation d'énergie, ce qui permet de réduire la quantité de combustible nécessaire. Ceci protège les ressources en combustibles existantes et évite de faire augmenter le taux de dioxyde de carbone, déjà trop élevé. Les sources d'énergie renouvelables et moins polluantes, comme l'énergie solaire, représentent une solution **durable** à la crise.

Le faucon crécerelle mange des souris pour obtenir de l'énergie. Pour vivre, les gens ont besoin de l'énergie qu'ils tirent de leur nourriture et de celle des carburants.

Consommation extrême

Si tout le monde, sur la Terre, consommait autant d'énergie que les habitants des États-Unis, nous aurions besoin de l'équivalent des ressources de cinq planètes Terre. Si nous consommions chacun la même quantité d'énergie que chaque habitant du Bangladesh, le tiers des ressources de la Terre suffirait.

Un besoin toujours plus grand

Quand les premiers trains ont commencé à circuler, l'exploitation du charbon est devenue une industrie clé, parce que le charbon permettait d'obtenir la vapeur nécessaire au fonctionnement des trains. L'invention de la lumière électrique a fait augmenter la demande en électricité. Quand les voitures se sont répandues, la demande en pétrole, qui peut être transformé en essence, est montée en flèche. De nos jours, on fabrique du plastique, des produits chimiques et de nombreux matériaux courants à partir du pétrole.

L'énergie est importante

L'équipement hospitalier fonctionne à l'électricité. Les écoles doivent être chauffées et éclairées pour que les élèves puissent étudier. À la maison, les gens ont quotidiennement besoin d'eau chaude, de cuisiner et de chauffer leur logement. Tout ceci est possible grâce à des sources d'énergie fiables. Cependant, deux milliards de personnes dans le monde n'ont pas l'électricité.

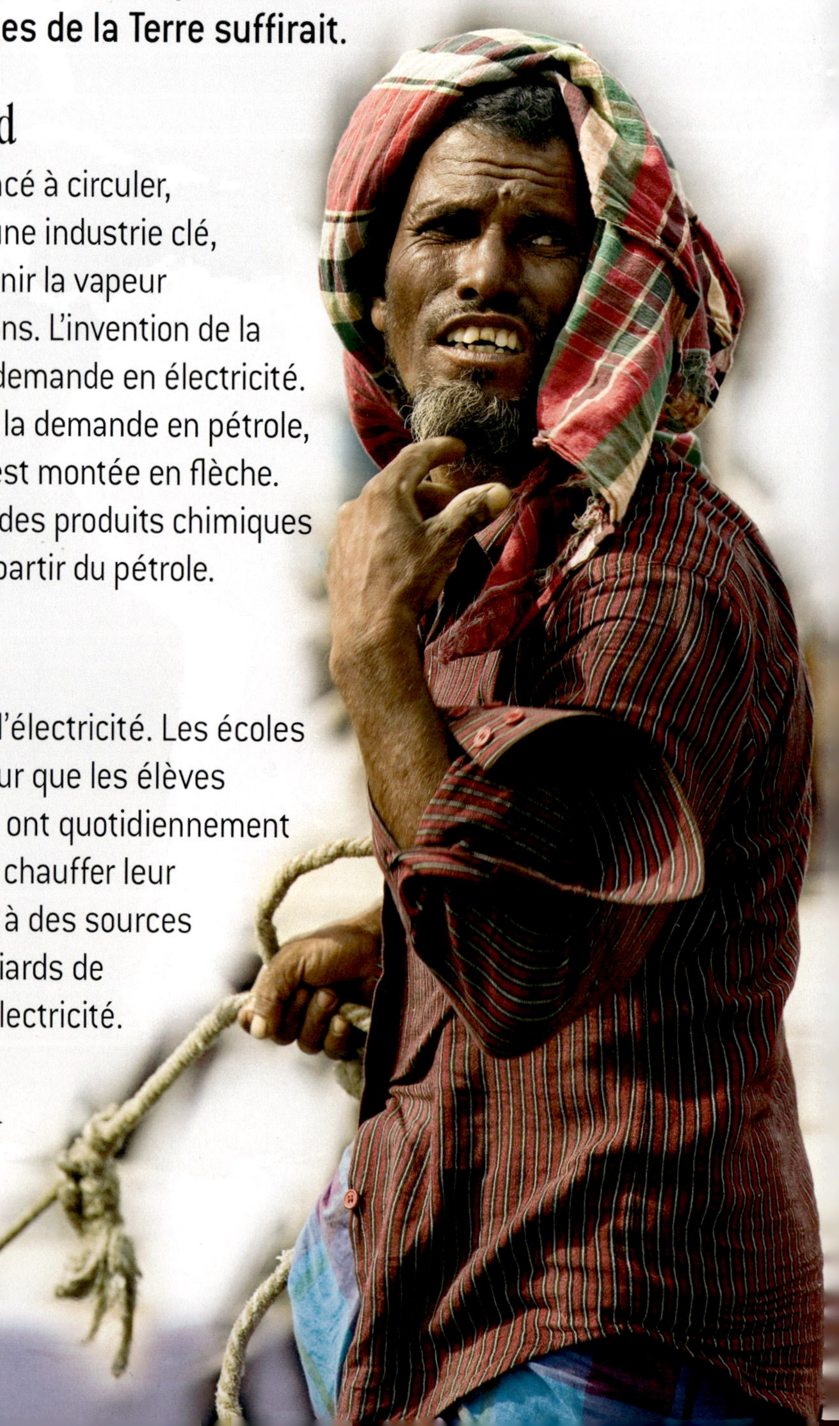

Les besoins énergétiques de ce passeur bangladais représentent une fraction de ceux d'un Occidental. ➤

Quand le prix du charbon, du pétrole ou du gaz naturel augmente, le prix d'un voyage au bord de la mer ou même d'une baguette de pain augmente aussi. Actuellement, le prix du pétrole est à la hausse. Pour certaines personnes, c'est contrariant, parce qu'elles doivent diminuer légèrement leurs dépenses. Pour d'autres, cela signifie qu'elles ne peuvent plus acheter de riz pour nourrir leur famille.

De nombreux habitants du Bangladesh vivent dans une grande pauvreté. Leurs habitations ne sont pas dotées d'eau potable ni d'électricité.

Nous trouvons tellement normal d'avoir accès à l'électricité que ce n'est que lorsqu'il y a une panne que nous nous rendons compte à quel point nous en avons besoin. En 2003, par un jour de canicule, les villes de la côte est de l'Amérique du Nord se retrouvèrent paralysées. À cause d'une importante panne d'électricité, tous les équipements électriques d'un territoire long de plus de 4 484 kilomètres s'éteignirent. Des feux de circulation aux systèmes de climatisation et pendant plus de 12 heures, tout ce qui fonctionnait à l'électricité fut hors service. Plus de 50 millions de personnes furent touchées et certaines furent coincées dans des rames de métro ou dans des ascenseurs. Cette panne avait sans doute deux causes combinées : une ligne électrique endommagée et une demande en électricité exceptionnellement élevée due à l'utilisation de nombreux systèmes de climatisation en cette journée chaude et humide.

Sur cette image satellite, les points de lumière indiquent les endroits de la Terre où l'on utilise le plus d'énergie.

Les combustibles fossiles

La plus grande partie de l'énergie que nous utilisons provient des combustibles fossiles. Ces combustibles, comme le charbon, le pétrole ou le gaz naturel, se sont formés à partir de restes d'animaux et de plantes. Sur des millions d'années, ces matières mortes se sont enfoncées profondément dans le sol ou dans le fond des océans, enfouies sous des couches d'autres plantes.

De plus en plus chaud

L'utilisation des combustibles fossiles, particulièrement le charbon, dans les centrales électriques libère de grandes quantités d'un gaz appelé dioxyde de carbone, ou CO_2. La trop grande quantité de dioxyde de carbone dans l'atmosphère de la Terre est la cause principale du **réchauffement planétaire**, c'est-à-dire l'augmentation des températures partout dans le monde, qui modifie les climats. Ces températures plus chaudes bouleversent les **écosystèmes** et le climat des différentes régions de la Terre. Les animaux, les cultures et les humains essaient péniblement de s'adapter à ce changement de conditions. L'utilisation des combustibles fossiles est la cause principale du changement climatique.

La majorité du charbon est enfoui dans le sol et nous devons l'en extraire pour pouvoir l'utiliser.

Vers l'épuisement

Les réserves en pétrole et en gaz naturel vont s'épuiser avant la fin du siècle – peut-être dans 40 ou 60 ans, au rythme actuel. On découvre et exploite de nouveaux gisements de pétrole et de gaz, mais ces gisements vont aussi s'épuiser. Les réserves de charbon pourront durer encore plus de 100 ans, mais le charbon est le combustible fossile le plus polluant.

▲ ***Les raffineries de pétrole transforment le pétrole noir et épais en gaz et en d'autres produits.***

Le protocole de Kyoto

Les scientifiques et les politiciens s'entendent sur le fait qu'il faut réduire les émissions de dioxyde de carbone. En 1997, le protocole de Kyoto, qui est un accord international, a fixé la quantité maximale de dioxyde de carbone que les pays les plus développés économiquement peuvent émettre. Il est entré en vigueur en 2005. La Chine refuse toujours de le signer.

▲ ***Planter un arbre est une action concrète que chacun peut faire.***

QUE PEUT-ON FAIRE ?

Certaines personnes donnent de l'argent pour planter des arbres lorsqu'elles prennent l'avion, parce qu'un arbre absorbe le dioxyde de carbone. Quand on compense ainsi les émissions de dioxyde de carbone, on dit que le voyage devient carboneutre. Cependant, un arbre en pleine croissance peut mettre plus de 20 ans pour absorber tout le dioxyde de carbone émis lors d'un seul vol d'avion. Cette solution n'est donc pas véritablement durable et il faut trouver des carburants qui ne produisent pas tant de gaz dangereux. Nous devrions peut-être aussi modifier nos habitudes et prendre l'avion moins souvent.

Le bois

Des pins aux palmiers, les arbres servent d'habitat pour des animaux et des insectes. Les arbres stabilisent le sol grâce à leurs racines et aident à maintenir l'air sain. Il est facile de couper des arbres pour se servir de leur bois, qui brûle bien. Quand on replante des arbres pour remplacer ceux qui ont été coupés, on considère que le bois est une source d'énergie renouvelable.

Les poumons du monde

Sans les forêts imposantes qui recouvrent la Terre, le taux de dioxyde de carbone serait encore plus élevé. Lorsqu'un arbre convertit l'énergie tirée du soleil, il absorbe aussi du dioxyde de carbone. Le dioxyde de carbone est emmagasiné dans le tronc, les branches et les feuilles de l'arbre. Celui-ci libère ensuite de l'oxygène dans l'atmosphère. Quand on brûle du bois, cela relâche le dioxyde de carbone dans l'atmosphère, mais le couvert forestier l'absorbe en partie, car il maintient un équilibre sain des gaz.

Dans de nombreuses parties du monde, le bois est une ressource très importante. Ces femmes d'une tribu indienne récoltent du bois pour le chauffage et la cuisine.

La coupe des arbres

On défriche des forêts pour faire pousser à la place des cultures qui serviront à élaborer des **biocarburants.** De nombreuses industries produisent de l'électricité à partir de charbon de bois. Les gens abattent d'immenses zones forestières pour se servir du bois comme combustible.

La **déforestation** détériore la solidité et la **fertilité** du sol. Privé des racines d'arbres qui absorbent les précipitations, le sol est emporté par les fortes pluies, ce qui s'appelle l'**érosion.** Quand les eaux de pluie s'écoulent, le sol devient faible et sec. L'augmentation de la superficie des terres arides, appelée **désertification,** signifie que la superficie des terres fertiles et cultivables diminue.

ÉTUDE DE CAS

Le projet de reboisement du district de Kwimba, en Tanzanie

Les gens qui vivent près du lac Victoria, en Tanzanie, sont agriculteurs et font l'élevage de bétail et de chèvres. Avant, les femmes et les enfants marchaient pendant des heures pour faire des fagots de bois de chauffage. Plus on coupait d'arbres, plus les gens devaient aller loin pour trouver ce combustible. Puis, cette région a fini par perdre presque tout son couvert forestier naturel. Un projet de reboisement a été mis en place au début des années 1990. Des millions d'arbres à croissance rapide ont été plantés. Maintenant, les gens peuvent de nouveau trouver du bois de chauffage dans les environs. Ce projet a permis de répondre rapidement aux besoins en énergie de la communauté. Il a maintenu l'équilibre **écologique** et la **biodiversité** de la région et a de plus assuré la fertilité des terres, dont profiteront les générations futures. Cette solution durable a donc permis de régler un problème lié à l'énergie.

▲ *Les solutions durables aident l'environnement. Quand nous défrichons des forêts, nous devons les replanter.*

La pollution de l'air

Des nuages gris de suies et de fumée s'élèvent des cheminées des usines. Souvent, les particules de pollution, c'est-à-dire ses petits morceaux, sont invisibles dans l'air, mais elles peuvent être tout aussi dangereuses que la fumée et les suies que l'on voit à l'œil nu. Les particules de suie peuvent causer des problèmes respiratoires et même des maladies mortelles.

Les feux de bois

Respirer trop de fumée de feu de bois est mauvais pour la santé, car les particules de bois brûlé adhèrent aux poumons. C'est un problème pour les familles qui vivent dans les régions les plus pauvres du monde, où le bois est le principal combustible dans les maisons. On fait souvent brûler le bois dans un endroit qui n'a pas de cheminée pour canaliser la fumée. Selon des estimations, ce type de pollution de l'air à l'intérieur des bâtiments causerait la mort de 1,6 million de personnes chaque année, ce qui représente une mort toutes les 20 secondes.

Les pluies acides

Les gaz d'échappement des voitures et les fumées des usines contiennent aussi des gaz comme le dioxyde de soufre ou des oxydes d'azote. Ces **polluants** se mélangent à la vapeur d'eau, c'est-à-dire l'eau sous forme de gaz invisible, qui se trouve dans l'air, et le tout retombe au sol sous forme de pluie. Ces pluies acides rongent les arbres et même les pierres des bâtiments.

Au Vietnam, le combustible utilisé dans les maisons est le bois. La fumée de ces feux est dangereuse pour la santé.

▲ *Les pluies acides peuvent nuire aux arbres et aux poissons, ainsi que contaminer les réserves d'eau douce.*

ÉTUDE DE CAS

La Chine

Dans les villes chinoises, les gens portent des masques lorsqu'il fait chaud. Les sportifs évitent de s'entraîner dehors. L'industrie et l'économie chinoises sont en pleine expansion. La pollution de l'air est causée par l'immense augmentation de la consommation d'énergie. En Chine, on construit en moyenne une centrale électrique alimentée au charbon chaque semaine. Les gaz émis par ces centrales retombent au sol sous forme de pluies acides. Dans certaines villes, les gens portent toujours des masques pour se protéger de la pollution de l'air, composée d'un mélange toxique de cendres, de suies, de gaz d'échappement des moteurs diesel et de produits chimiques. Au moins 400 000 citoyens chinois meurent chaque année de maladies causées par la pollution de l'air.

▲ *La ville de Linfen, en Chine, est l'une des plus polluées du monde. De nombreuses personnes y portent des masques filtrants.*

Le chaos du climat

L'accélération du changement climatique dans les dernières années a fait augmenter le nombre d'inondations et de sécheresses, anéantissant des cultures et provoquant des pénuries de nourriture. Les sécheresses causent de plus des pénuries d'eau. Les températures plus chaudes détruisent des écosystèmes et des habitats terrestres et aquatiques. Cette crise climatique est causée par l'utilisation que font les humains des combustibles.

Une question d'équilibre

Une certaine quantité de dioxyde de carbone, haut dans l'atmosphère, aide à maintenir l'équilibre des températures sur la Terre. Cependant, trop de dioxyde de carbone emprisonne la chaleur, comme dans une serre, ce qui provoque un réchauffement planétaire. Le taux de dioxyde de carbone a augmenté, car nous brûlons de plus en plus de combustibles fossiles.

Des conditions extrêmes

En 2005, l'ouragan Katrina a dévasté des quartiers de la ville de La Nouvelle-Orléans, aux États-Unis. En 2008, le dévastateur cyclone Nargis a balayé le Myanmar, pays qui s'appelait auparavant la Birmanie, et a tué des dizaines de milliers de personnes. Ce genre d'événements météorologiques extrêmes deviennent de plus en plus fréquents et violents.

Les scientifiques pensent qu'il existe un lien entre la pollution causée par l'utilisation des combustibles fossiles et la fréquence et la violence de ces événements météorologiques extrêmes.

Des mers plus chaudes

Le niveau des mers monte, parce que les calottes glaciaires, dans les régions polaires glaciales, fondent à cause du réchauffement planétaire. L'eau de mer chaude prend plus de place que l'eau plus froide.

En 2008, au Myanmar, le cyclone Nargis a causé la mort d'environ 130 000 personnes.

Alors que le niveau des mers monte, les zones côtières situées à basse altitude, par exemple au Bangladesh ou aux Pays-Bas, pourraient être inondées. Les changements de température ont des conséquences sur les écosystèmes, dont l'équilibre est fragile, parce que les animaux essaient de s'adapter aux nouvelles conditions. Dans les océans, les baleines souffrent. Le krill, composé d'animaux minuscules, ne peut pas survivre dans les eaux chaudes. Sans krill, ses prédateurs deviennent affamés. Si ces derniers disparaissent, les baleines, qui se nourrissent de krill et de prédateurs du krill, n'ont plus de nourriture.

> « ... les émissions de gaz à effet de serre, associées à l'industrialisation et à la croissance économique de la population mondiale, qui a été multipliée par 6 en 200 ans, sont à l'origine du réchauffement planétaire, à un rythme qui rend la situation non durable. »
>
> **Tony Blair, ancien premier ministre du Royaume-Uni, 2006**

▼ ***La moitié des gens affamés de la planète sont de petits agriculteurs. Beaucoup d'entre eux perdent toutes leurs récoltes à cause des fréquentes sécheresses dévastatrices.***

Le savais-tu ?

D'ici la fin de ce siècle, l'augmentation constante des émissions de **gaz à effet de serre** pourrait avoir les conséquences suivantes :

- une hausse des températures dans le monde de 1,8 °C à 4 °C ;
- l'élévation du niveau des mers de 28 à 43 centimètres ;
- la disparition de la glace marine dans l'Arctique en été ;
- l'augmentation du nombre de vagues de chaleur partout dans le monde ;
- l'augmentation de l'intensité des tempêtes tropicales.

Qu'est-ce que la biomasse ?

Des bouses de vache à l'huile de cuisson usagée, les déchets peuvent nous fournir de l'énergie. La biomasse est le carburant qui provient des plantes, ou des déchets d'origine animale ou végétale. Quand on brûle la biomasse, cela libère l'énergie solaire qu'elle avait emmagasinée. L'utilisation des déchets pourrait-elle représenter une solution pour s'assurer un futur durable ?

Donnant, donnant

Quand la biomasse brûle, elle libère du dioxyde de carbone. Cependant, les animaux et les plantes qui ont produit cette biomasse absorbent, au cours de leur vie, une quantité identique de dioxyde de carbone. Brûler des combustibles fossiles libère du dioxyde de carbone que les plantes et les animaux ont emmagasiné il y a des millions d'années, tandis que la combustion de la biomasse libère du dioxyde de carbone emmagasiné pendant l'année en cours.

La culture de biomasse, comme le maïs, peut servir de combustible. Mais ces terres ne devraient-elles pas plutôt servir à des cultures destinées à l'alimentation ?

« Je possède quatre vaches, qui me fournissent du gaz. Ainsi, je n'ai pas besoin de bois pour le feu. Je gagne beaucoup de temps, parce que je n'ai pas à aller chercher du bois, ni à nettoyer la suie sur les casseroles et les aliments. Je peux passer plus de temps à travailler dans ma ferme ou pour d'autres personnes. »

Mme Munithayamamma, du village de Siradhanahalli, en Inde

Le biogaz

Quand on laisse des déchets et des excréments se décomposer dans un réservoir spécialement adapté, ils produisent du gaz. Ce biogaz peut être utilisé comme combustible. Dans les zones rurales de l'Inde, des milliers de familles se servent du biogaz pour cuisiner. Après que le gaz s'est dégagé, les matières qui restent peuvent servir de fertilisant pour les cultures.

Les biocarburants sont disponibles dans certaines stations-service et peuvent remplacer le carburant diesel.

Les biocarburants

Partout dans le monde, on voit des champs de maïs, de canne à sucre et de colza. Ces récoltes ne seront pas consommées comme nourriture, mais comme carburant. Pendant leur croissance, ces cultures absorbent du dioxyde de carbone. Puis, quand elles sont utilisées comme carburant, elles libèrent ce dioxyde de carbone.

QUE PEUT-ON FAIRE ?

Dans les dernières années, on a considéré le biocarburant comme une solution aux conséquences inquiétantes des combustibles fossiles sur notre planète et à la nécessité de trouver des sources d'énergie propres et renouvelables. Pourtant, faire pousser des biocarburants sur des terres qui servaient auparavant à cultiver de la nourriture a provoqué de graves pénuries de nourriture et l'augmentation du prix de la nourriture partout dans le monde. Beaucoup de gens pensent qu'il faudrait cesser ces pratiques.

Les cultivateurs indiens peuvent se servir du méthane produit par leur bétail comme source d'énergie.

Le climat, source d'énergie

Le soleil et le vent peuvent-ils représenter une solution durable à la crise énergétique actuelle ? Le vent ne s'arrêtera jamais de souffler, ni le soleil de briller. L'exploitation de ces forces naturelles nous fournit de l'énergie renouvelable.

S'ils connaissent suffisamment de jours venteux ou ensoleillés, de nombreux pays peuvent exploiter l'énergie solaire ou éolienne. Au Portugal, presque 40 % de l'énergie utilisée est générée par le soleil, le vent ou les vagues. Dans les régions des pays les plus pauvres, où il n'y a pas de centrales électriques ou de canalisations de gaz ou de pétrole, l'énergie solaire est souvent la seule source d'énergie pour la cuisine, le chauffage ou l'éclairage.

La chaleur de la lumière

Une maison qui a beaucoup de fenêtres emprisonne naturellement la chaleur du soleil. Des miroirs spécialement conçus peuvent aussi recueillir la lumière et la chaleur du soleil pour produire de l'électricité. Il est maintenant possible d'emmagasiner l'énergie solaire en emprisonnant la chaleur du soleil dans des cuves ou des tours, sur le même principe que lorsque la chaleur est retenue dans une bouteille isolante. Ainsi, on peut avoir de l'électricité même par temps couvert.

Les mâts des éoliennes sont très hauts, parce que les vents soufflent plus fort en altitude. ➤

Les cellules solaires

Les cellules solaires, appelées « cellules photovoltaïques », convertissent la lumière du soleil en électricité et emmagasinent celle-ci, comme des piles. Pour produire les cellules photovoltaïques, il faut une grande quantité d'énergie provenant des combustibles fossiles et on doit utiliser des produits chimiques dangereux. De plus, produire ces cellules coûte très cher. Les scientifiques sont en train d'inventer de nouvelles techniques pour améliorer la production des cellules solaires.

Le vent

À la campagne, tu as peut-être déjà vu des rangées de grands mâts surmontés de pales qui tournent en sifflant. Ce sont des éoliennes. Le vent fait tourner les lames, qui entraînent un arbre (une partie à l'intérieur de la nacelle qui transmet l'énergie). Puis un **alternateur** transforme l'énergie de la rotation en énergie électrique. L'énergie ainsi produite n'est pas polluante et est renouvelable. Cependant, pour construire les éoliennes, il faut du béton, dont la fabrication nécessite beaucoup d'énergie. De nombreuses personnes trouvent que les éoliennes enlaidissent le paysage et font trop de bruit. De plus, des oiseaux auraient été tués par des pales en mouvement.

▼ ***En Amérique du Sud, on peut utiliser un miroir parabolique pour concentrer les rayons du soleil. La chaleur générée ainsi est suffisante pour faire bouillir de l'eau.***

L'énergie de la nature

Des volcans fumants aux vagues déchaînées, la Terre peut nous fournir de l'énergie que nous pouvons transformer en électricité pour faire fonctionner un ordinateur ou chauffer une maison.

La chaleur de la Terre

Dans les profondeurs du noyau terrestre, des sources chaudes et des roches en fusion bouillent et bouillonnent. Cette chaleur de la Terre, qualifiée de **géothermique,** peut être soit canalisée pour servir directement de méthode de chauffage, soit être transformée en énergie électrique.

La puissance de l'eau

Des gens construisent des barrages sur certaines rivières, afin de retenir les masses d'eau et les empêcher de s'écouler. Quand on la libère finalement, la force de l'eau qui jaillit alimente un alternateur. L'énergie ainsi produite s'appelle de l'énergie hydraulique. Cependant, cette source d'« énergie propre » n'est pas toujours sans danger pour l'environnement. L'énergie hydraulique permet de fournir énormément d'électricité à des milliers de collectivités locales, mais la construction des barrages perturbe la nature et les personnes qui vivent dans cette région. Les barrages modifient l'écoulement

▲ ***Les scientifiques continuent d'explorer les différentes façons d'utiliser la puissance des vagues.***

▲ ***Le barrage Hoover, près de Las Vegas, aux États-Unis, fournit de l'électricité à environ 14 millions de personnes.***

Le savais-tu ?

- Environ 20 % de l'électricité mondiale provient de l'énergie hydraulique.
- L'énergie hydraulique permet de produire environ 10 % de l'électricité consommée aux États-Unis, 99 % de l'électricité consommée en Norvège et 75 % de l'énergie consommée en Nouvelle-Zélande.

des rivières, bouleversant ou même détruisant les habitats des animaux qui vivent dans ces rivières ou autour d'elles.

Dans de nombreuses rivières endiguées, les populations de saumons ont diminué, parce que les saumons, incapables de remonter la rivière, ne peuvent donc plus se reproduire. Dans certaines rivières, on construit des échelles à poisson pour aider les saumons à contourner le barrage. Dans le fleuve Susquehanna, en Pennsylvanie, aux États-Unis, des lumières clignotantes immergées aident l'alose savoureuse, un poisson qui se déplace la nuit, à éviter les dangereuses turbines.

L'influence de la Lune

L'attraction de la Lune contrôle les marées. Deux fois par jour, les masses d'eau se déplacent vers les terres, puis s'en éloignent de nouveau. Ce mouvement des marées peut être converti en énergie utilisable. En France, une usine marémotrice fournit de l'électricité à 4 % de la région environnante. Cependant, on projette la construction d'une grande usine marémotrice, sur le fleuve Severn, au Royaume-Uni. Les écologistes affirment que ses conséquences à long terme sur les écosystèmes et la biodiversité seraient dramatiques. D'autres soutiennent que l'énergie ainsi créée est renouvelable et bénéfique pour l'environnement, parce qu'elle ne libère pas de dioxyde de carbone.

▼ ***L'usine marémotrice près de Saint-Malo, en France, produit de l'énergie grâce à des turbines depuis 1966.***

L'énergie nucléaire

Le combustible utilisé pour produire de l'électricité d'origine nucléaire est un métal radioactif gris ou argenté appelé uranium. Plus des deux tiers de l'électricité produite par la France est d'origine nucléaire, mais d'autres pays ne veulent même pas envisager cette option.

La production d'énergie nucléaire

De l'air en passant par l'eau, tout est composé d'atomes. Le centre d'un atome, le noyau, contient des électrons et des neutrons. Lorsqu'un neutron percute un noyau et le fait se fissurer, une immense quantité d'énergie se libère. Les atomes d'uranium se fissurent facilement. L'uranium émet des rayons invisibles appelés radiations. Ces rayons sont extrêmement dangereux lorsqu'ils sont aussi concentrés que dans les centrales nucléaires. Les gens qui travaillent dans ces centrales sont protégés par des vêtements spéciaux. Malgré les mesures de sécurité très strictes appliquées dans les centrales nucléaires, des accidents graves ont déjà eu lieu, faisant de nombreux morts et causant de graves maladies.

▲ *Dans une centrale nucléaire, 1 kilogramme d'uranium produit autant d'énergie que 3 000 tonnes de charbon.*

L'énergie nucléaire provoque plus de polémiques que toute autre source d'énergie présentée comme une solution de rechange aux combustibles fossiles.

Des déchets mortels

Les déchets produits lors de la production d'énergie nucléaire sont mortels. Personne n'a encore trouvé de moyen de les éliminer de façon sécuritaire. De nos jours, les déchets nucléaires sont refroidis dans l'eau pendant plusieurs années, puis mélangés à du verre en fusion, et le tout est versé dans des conteneurs en acier. Ces conteneurs sont emmagasinés dans un bâtiment en béton. Les déchets demeurent radioactifs, c'est-à-dire qu'ils continuent d'émettre de dangereuses radiations, pendant des centaines de milliers d'années.

Électricité ou terreur ?

Quand l'uranium sert à produire de l'énergie nucléaire, cela dégage une substance toxique appelée plutonium. Avec cette substance mortelle, on peut fabriquer des armes nucléaires assez puissantes pour tuer des milliers de personnes en quelques secondes. Les centrales nucléaires appliquent des procédures de sécurité strictes, afin que des terroristes ne puissent pas s'emparer de cette substance dangereuse.

QUE PEUT-ON FAIRE ?

Certaines personnes pensent que l'énergie nucléaire est la plus propre et la plus efficace des solutions de rechange aux combustibles fossiles. Elle est fiable et produit de grandes quantités d'énergie. D'autres avancent que les mines d'uranium détruisent des écosystèmes et peuvent libérer des substances toxiques dans les rivières et les sols. L'uranium est dangereux et personne n'a trouvé comment éliminer ses déchets de façon sécuritaire. L'énergie nucléaire est-elle la réponse à la crise énergétique ? Ou les déchets nucléaires représentent-ils une bombe à retardement, qui sera un danger pour les générations futures ?

Les carburants du futur ?

Dans les 40 prochaines années, la population mondiale devrait augmenter de 3 milliards. L'Agence internationale de l'énergie prédit une hausse de la demande mondiale en énergie de 50 à 60 % d'ici 2030. Comment pouvons-nous protéger l'avenir de la Terre, en nous assurant que tout le monde bénéficie d'assez d'énergie ?

La recherche

Les scientifiques se pressent de trouver de nouvelles sources d'énergie propre. À Hawaï, des tests sont en cours pour essayer de transformer en biocarburant la matière verte et visqueuse qu'on trouve dans les lacs, composée de plantes minuscules, les algues. Ailleurs, des scientifiques étudient des microbes, qui sont de minuscules organismes, dans l'espoir de les utiliser pour libérer les billions de tonnes de pétrole emprisonnées au fond des océans. Même si cela s'avère possible, le pétrole est un combustible fossile et dégage donc d'énormes quantités de dioxyde de carbone quand on le brûle.

À Hawaï, des laboratoires font des recherches pour fabriquer du biocarburant à partir d'algues.

> « Le changement climatique représente une occasion de promouvoir le développement durable, [ainsi que]... d'encourager de nouveaux types de technologies plus propres... »
>
> **Ban Ki-moon, secrétaire général des Nations unies, 2008**

Notre consommation actuelle d'essence et de carburant diesel pour alimenter les voitures n'est pas durable.

Des voitures à air

Un fabricant de voitures indien s'efforce de développer une voiture fonctionnant à l'air, pour répondre à la crise énergétique en Inde. L'air y est comprimé dans des réservoirs spécialement conçus. Cependant, il faut énormément d'énergie pour comprimer de l'air. Une autre possibilité serait d'alimenter les voitures avec le gaz dont, justement, nous voudrions nous débarrasser, c'est-à-dire le dioxyde de carbone. Des ingénieurs essaient de trouver des façons d'extraire le dioxyde de carbone de l'air et de le transformer en carburant.

Les piles à combustible

Les piles à combustible mélangent deux gaz, l'hydrogène et l'oxygène, pour créer de l'électricité. Le seul déchet qu'elles produisent est de l'eau. Cependant, pour obtenir de l'hydrogène, il faut de l'électricité à l'origine, et l'électricité est généralement produite en brûlant des combustibles fossiles. Les scientifiques doivent réussir à produire de l'hydrogène à partir d'un autre combustible pour que cette option soit durable.

QUE PEUT-ON FAIRE ?

Tous les pays doivent assumer la responsabilité des problèmes énergétiques et agir pour les régler. Afin d'y arriver, il faut diminuer les émissions de dioxyde de carbone, mais aussi chercher de nouveaux carburants plus propres, pour un futur durable.

Cette voiture électrique à batterie, construite en Chine, n'utilise que très peu d'énergie. Elle ne dégage aucun gaz nocif.

Protégeons notre planète

Les gouvernements et les dirigeants du monde peuvent s'engager, au nom de leur pays, à chercher de nouvelles sources d'énergie qui préserveront la planète. Mais nous, en tant qu'individus, que pouvons-nous faire ?

« Notre Terre est souffrante. À sa façon, elle nous dit que nous devons tous nous allier... pour l'aider à guérir. »

Roi Hussein de Jordanie au Sommet de la Terre, 1992

Le savais-tu ?

- Recycler une boîte de conserve (au lieu d'en fabriquer une neuve), permet d'économiser assez d'énergie pour faire fonctionner une télévision pendant trois heures.
- Recycler une bouteille en verre permet d'économiser assez d'énergie pour faire fonctionner un ordinateur pendant 25 minutes.
- Recycler une bouteille de plastique permet d'économiser assez d'énergie pour faire fonctionner une ampoule électrique de 60 watts pendant 3 heures.
- Il faut 70 % moins d'énergie pour recycler du papier que pour en fabriquer à partir de matières premières.

Nous pouvons tous faire notre part pour protéger la planète. Recycler, ainsi que consommer moins, peut faire la différence.

COMMENT PROTÉGER NOTRE PLANÈTE ?

- Calcule ton **empreinte carbonique,** c'est-à-dire la quantité d'émissions de gaz à effet de serre dont tes activités quotidiennes sont responsables, et essaie de la diminuer. Plusieurs sites Web peuvent t'aider à calculer ton empreinte carbonique.
- Recycle : utiliser des biens recyclés consomme moins d'énergie qu'utiliser des biens neufs.
- Réutilise : achète des biens qui peuvent être réutilisés. Cela permet aussi d'économiser l'énergie essentielle pour les fabriquer et de réduire l'espace nécessaire pour entreposer les déchets. Les endroits où l'on entrepose les déchets s'appellent des décharges.
- Réduis : n'achète que ce dont tu as besoin. Ainsi, tu jetteras moins de déchets.
- Éteins les lumières et ton ordinateur quand tu ne t'en sers pas.
- Circule à vélo ou prends l'autobus ou le train au lieu d'utiliser une voiture. Si tu dois te rendre en voiture à l'école, suggère à tes parents de faire du covoiturage avec tes camarades du quartier.
- Mène une campagne dans ton école pour inciter les élèves à économiser l'énergie.
- Propose aux responsables de ton école d'envisager d'utiliser l'énergie solaire ou l'énergie éolienne, selon l'endroit où tu vis.
- Fais tes propres plantations. Plante des légumes dans des pots. Consommer de la nourriture produite localement ou par tes propres moyens permet d'économiser l'énergie nécessaire pour livrer les aliments partout dans le monde.
- Composte tes déchets : achète un composteur pour y recycler tes déchets alimentaires. Le compost ainsi créé est parfait pour faire pousser de nouvelles plantes.

Plus nous recyclons, moins nos déchets occupent d'espace dans les décharges. ➤

Glossaire

alternateur Machine qui transforme l'énergie mécanique en électricité

biocarburant Carburant fabriqué à partir de plantes ou de déchets d'élevage

biodiversité Ensemble des espèces vivantes

changement climatique Changement à long terme des schémas météorologiques de la Terre

combustibles fossiles Combustibles comme le pétrole, le charbon et le gaz naturel. Ces combustibles se sont formés à partir de restes d'animaux et de plantes

consommation Utilisation

couvert forestier Ensemble des arbres et des arbustes

déforestation Destruction de grandes parties d'une forêt

désertification Augmentation de la superficie des terres arides et stériles

durable Qui utilise les ressources d'une façon qui préserve ces ressources ainsi que l'environnement

écologique Qui a rapport aux liens entre les êtres vivants et leur milieu

écosystème Communauté d'organismes vivants liés les uns aux autres, ainsi qu'à l'environnement dans lequel ils vivent.

émissions Libération de gaz ou de produits chimiques dans l'atmosphère

empreinte carbonique Quantité d'émissions de gaz à effet de serre dont sont responsables les activités d'un individu ou d'un organisme, ou la fabrication d'un bien

environnement Milieu de vie des plantes, des animaux et des humains

érosion Usure du sol

fertilité Richesse naturelle du sol

gaz à effet de serre Gaz, comme le dioxyde de carbone, qui emprisonne la chaleur du soleil près de la Terre

géothermique Qui se rapporte à la chaleur interne de la Terre

non durable Qui utilise les ressources si rapidement qu'elles seront épuisées dans le futur

non renouvelable Se dit d'une ressource dont les réserves ne seront pas de nouveau formées avant des milliers d'années

particules Minuscules morceaux

polluants Gaz et produits chimiques qui causent la pollution

réchauffement planétaire Réchauffement graduel du climat de la Terre

renouvelable Se dit d'une ressource qui se forme de nouveau dans une courte période de temps

Ressources

Livres

Urgence énergie, d'Yves Garipuy (Dangles, 2010)

Histoire du pétrole, de Maurice Ezran (L'Harmattan, 2010)

L'après-pétrole. Lorsque les puits seront à sec, d'Anne Lefevre-Balleydier (Larousse, 2010)

Les énergies renouvelables, de Jacques Vernier (Presses universitaires de France, 2009)

L'éolien : au cœur de l'incontournable révolution énergétique, de Bernard Saulnier et Réal Reid (MultiMondes, 2009)

Sites Internet

Renseigne-toi sur les différentes sources d'énergie et sur les façons dont nous les utilisons :

www.centreinfo-energie.com

Apprends-en davantage sur les énergies renouvelables :

www.nrcan.gc.ca/eneene/renren/index-fra.php

Découvre le site d'apprentissage sur l'énergie et l'efficacité énergétique de l'Association québécoise pour la maîtrise de l'énergie. Deux jeux-questionnaires te permettront de tester tes connaissances :

www.aqme.org/enerscol

Calcule ton empreinte carbonique :

www.carbonfootprint.com/calculator.aspx

Index